Hinweise zur Silbenfibel® Kompakt

Die Silbenfibel® Kompakt ist das Buch für Leseanfänger mit besonderem Förderbedarf. Die Illustrationen laden ein zum Erzählen und Besprechen. Die Texte sind gleichermaßen Lese-Training und Lesefutter, sowie ein Vorleseangebot.

Silben als Ganzheit
In der Silbenfibel® werden die Silben als Ganzheit eingeführt. Das erleichtert allen Kindern das Lesen- und das orthografisch korrekte Schreibenlernen. Die Silbenfibel® setzt beim Wissensstand der Leseanfänger an und trainiert systematisch und aufbauend in klaren nachvollziehbaren Schritten.
Es ist nicht notwendig, sondern sogar schädlich, wenn einem Leseanfänger zuerst die Laute der Buchstaben „m“ und „u“ einzeln genannt werden und dann von ihm erwartet wird, dass er danach die Silbe „mu“ lesen soll. Viele Kinder lautieren die Buchstaben nacheinander. Sie sind nicht in der Lage, die Koartikulation der beiden Buchstaben flüssig zu sprechen. Wird die Silbe jedoch von Anfang an als Ganzheit gelesen, ist das fehlerhafte Lautieren ausgeschlossen.

Die Silbenschule (S. 2 bis 31)
Auf den ersten Seiten erscheinen Silben, also Buchstabenkombinationen aus einem Mitlaut und einem Selbstlaut (a, e, i, o, u). Der Mitlaut kann – darauf weist ja schon seine Bezeichnung hin – nur zusammen mit einem Selbstlaut gelesen werden. Beim Lesen der Silben wird gleichzeitig der Zeigefinger der Schreibhand in einem Bogen unter der Silbe mitgeführt (Pfeile). Die Augenbewegung von links nach rechts wird dadurch unterstützt. Diese Praxis wird auf den Seiten der Silbenschule beibehalten. Aus diesem Grund sind die Zwischenräume zwischen Silben und Wörtern groß gehalten. Namen sind dadurch kenntlich gemacht, dass sie zweifarbig gedruckt sind.

Einführung der Silben und Buchstaben
Die eingeführten Silben und Buchstaben befinden sich auf den Doppelseiten immer in der Kassette oben rechts. Die Lesetexte enthalten immer nur die bis zu dieser Doppelseite eingeführten Silben und Buchstaben. Die Selbstlaute (a, e, i, o, u) werden benannt, die Mitlaute werden anfangs (Seite 2 bis 31) nicht isoliert bekannt gegeben. (siehe Ankertiere und Lautgebärden)

Ganzwörter
In den Kassetten links oben befinden sich Ganzwörter. Z. B.:
- Auf Seite 12 stehen links oben die Wörter „im“ und „am“. Für viele Kinder stellt es eine besondere Schwierigkeit dar, die Silben „mi“ und „im“ zu unterscheiden.
- Auf Seite 22 werden „wau“ wegen des Doppellautes „au“ und „los“ als erste geschlossene Silbe als Ganzwort eingeführt.

Diese Ganzwörter werden den Kindern erklärt.

Wort-Bild-Sätze und Illustrations-Texte
Damit die Kinder rasch sinntragende Sätze lesen können, werden ab S. 12 Wort-Bild-Kombinationen angeboten. Die Wort-Bild-Sätze werden gelesen, nachdem die Kinder die Silbenreihen flüssig lesen. Ein weiteres Lese-Angebot sind die in den Illustrationen enthaltenen Texte.

Lesen mit dem farbigen Silbentrenner
Wenn die Silbenschule (S. 2 bis 31) erfolgreich durchlaufen ist, sind die weiteren Texte mit dem zweifarbigen Silbentrenner (S. 26) ausgestattet. Der farbige Silbentrenner markiert die Sprech-Silben. Der Silbentrenner ermöglicht den Kindern sehr schnell flüssig und sinnverstehend zu lesen. Warum ist das so? Zum Beispiel können bei dem Wort „Giraffe“ die ersten drei Buchstaben „Gir“ als Gruppe gelesen werden: Gir - af - fe. Das könnte dann der Name einer besonderen Affenart sein. Mit den farbigen Silben dagegen werden sofort die richtigen Buchstabengruppen erkannt: Giraffe. Beim Lesen ergibt sich automatisch der richtige Sinn. Es ist das Tier mit dem langen Hals gemeint. Beim Lesen in Sprech-Silben klingen die Wörter so, wie wir sie sprechen und hören. Kinder, die schon flüssig lesen, werden durch diese Hilfe nicht gebremst. Wenn die Kinder mit dem Silbentrenner flüssig lesen gelernt haben, gelingt der Umstieg auf einfarbige Texte völlig problemlos.

Rechtschreibung
Die farbigen Silben helfen nicht nur beim Lesen, sondern auch bei der Rechtschreibung. Sie machen die Struktur der deutschen Sprache sichtbar. Der Leseanfänger nimmt von Anfang an die Silbengliederung der Wörter wahr – und kann so die richtige Schreibweise ableiten.

Ankertiere und Lautgebärden im Anhang (ab S. 84)
Damit die Einführung der Buchstaben im Silbenverbund für Schreibanfänger leichter gelingt, erhält jeder Buchstabe ein Ankertier. Das Ankertier soll den Buchstaben in nachdrücklicher Weise verankern. Dabei ist es nicht notwendig, dass der Name des Ankertieres mit dem jeweiligen Buchstaben beginnt, vgl. X, x = Ankertier Boxer. Für eine noch tiefere Verankerung liegt zu jedem Ankertier eine eigene Geschichte vor: Tiergeschichten mit Mia und Mio, s. S. 97.
Die Lautgebärden schlagen die Brücke zwischen dem Buchstaben und dem Laut. Sie ermöglichen eine eindeutige Identifizierung der Mitlaute, ohne – wie in der Silbenmethode in der Anfangsphase gefordert – ihre isolierte Lautung bekannt zu geben. Weitere Hinweise auf S. 88

Markieren die farbigen Silben die Worttrennung?
Die farbigen Silben zeigen die Sprech-Silben eines Wortes an. In den allermeisten Fällen ist das identisch mit der möglichen Worttrennung am Zeilenende. In erster Linie bei der Trennung einzelner Vokale (a, e, i, o, u; z.B. E-va, O-fen, Ra-di-o) gibt es einen Unterschied: Nach der aktuellen Rechtschreibung werden diese am Zeilenende nicht abgetrennt. Da diese Wörter aber mehrere Sprech-Silben haben, sind diese auch mit zwei Farben gekennzeichnet: Eva, Ofen, Radio, beobachten.

Weitere Informationen zur Silbenmethode auf:
www.abc-der-tiere.de

Das Autorenteam von ABC der Tiere wünscht allen Kindern einen erfolgreichen Start in die Welt der Bücher und Ihnen viel Freude bei der Begleitung auf diesem Weg.

ABC der Tiere Silbenfibel® Förderausgabe und Kompakt sind inhaltlich identisch und können parallel eingesetzt werden.

ABC der Tiere

Lesen in Silben

Die Silbenfibel®
Kompakt

Erarbeitet von
Rosmarie Handt,
Klaus Kuhn
und
Kerstin Mrowka-Nienstedt

Illustriert von
Ingrid Hecht

www.ABC-der-Tiere.de

Mildenberger

mu mu
mu

mu

Mimi

Mimi
mu
Mi
mi
mi
Mi mi
mu mi mu mi
mi mu mi mi mu

Momo
Mio
Momo

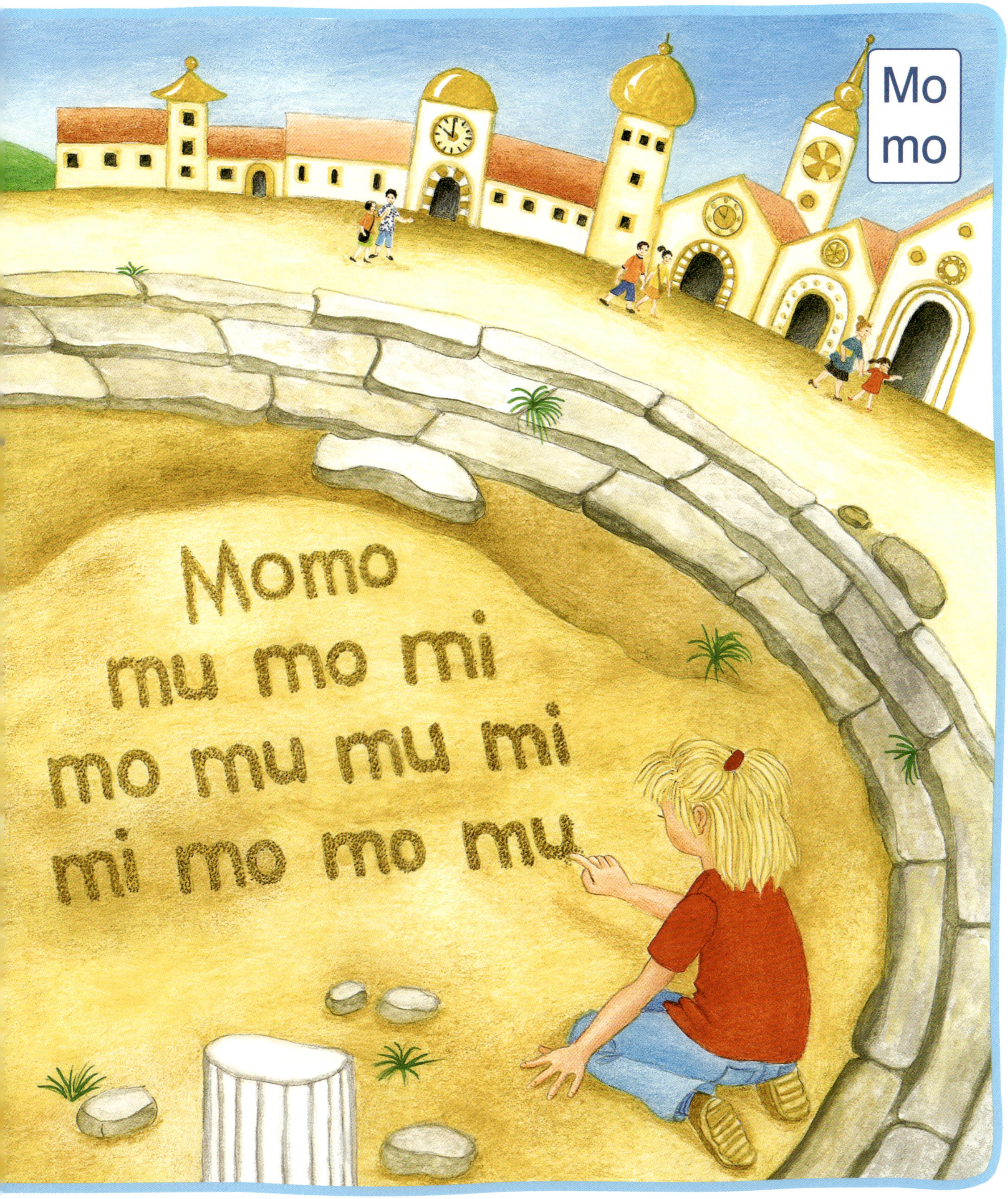
Mo
mo
Momo
mu mo mi
mo mu mu mi
mi mo mo mu

Mia Mio

Oma Omi

Mama Mami

ma mu mi

ma ma mo mo mi

mi mi mo mu ma

Memo Mia

Mama Mio

Mimi

Me
me

me mu me

me mi me ma

me mo me mu

ma me mi mo mu

Papa

im

am

Papa im 

Mama am 

Mia im 

La
la
...

la li le

la lo la lo

lu la le la li

Lama Limo

Muli lila Lilo

Mia am 

Mio im 

Mimi im 

Mama am 

A
E
I
O
U
I
U
O
A
E
E

Zoo
Tila - Alter: 4
Tiger in Indien
Indien
Tila
Mia Mio Oma

tu tu
ta tu ta tu
ta ti ta ti ta
ta te ti to tu

Timo am

Lili male Toto !

Mia male Tila !

Mama im 

Mia im 

Mio im 

Oma am 

Papa am 

Ri
ri
...
Ritter
Oma
Mimi
Ria
ia
Muli Ria im

Tilo Mia Lisa am

Sa
sa
...

sa so su se si

si sa so sa su

su si so sa sum

Susi am

Mio am

Sara am

wau

los

Lili im

Leo im

Susi im

Wi
wi
...

wau wau

wo wa wo wa wi

we wi wa wo wu

wa we wi wo wu

Uwe male Wito !

Lisa male Uwe am  !

Mia ist am 

.

Mama ist am 

.

Papa ist am 

.

Wo ist Doris ?

Doris ist im Turm .

und

na nu na na

ni na nu na ne

Was ist da los ?

Alle malen :

Maria und Mio malen Tannen .

Na
na
...

N a | m e — Name

N a | s e — Nase

N a | d e l — Nadel

W i n | t e r — Winter

Nina und Nena lesen .

Was lesen Nina und Nena ?

Was alle tun:

Mia ist an der .

Uwe und Timo malen .

scha sche schi scho schu

schi sche schu sche scha

Schule Schale Schüler

Alle wollen essen .

Alle wollen Müsli essen

mit Melone, Rosinen und Ananas .

Alle Schüler essen :

Marmelade, Salami und Müsli .

Alle Schüler waschen :

Teller, Tassen und Schüsseln .

Schnee

Schneemann

Im Winter

Der Winter ist da.
Mia und Mio
rollen den Schnee.
Wer ist das ?
Unten ist er rund.
In der Mitte
ist er rund.

Das ist der Schneemann.

Was ist das ?

Das ist der …

Was ist das ?

Das ist der …

Was ist das ?

Das ist der …

Was ist das ?

Das ist der …

Der erste Schnee

schnu schne schna

Der erste Schnee ist da.

schno schne schnu

Wir rasen los im Nu.

Das ist toller Schnee!
Mio und Mia rasen
mit dem Schlitten.
Simon landet im Schnee.

Lisa und Reiner

Alles ist leise.

Lisa und Reiner reimen.

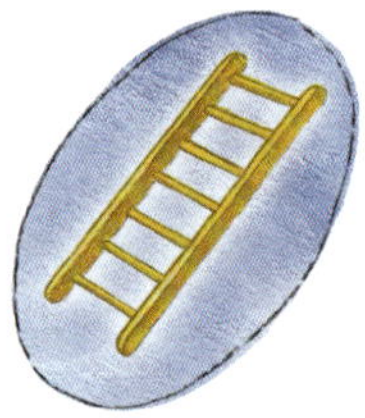

leise – Meise

Leiter – Reiter

meine – deine

weinen – scheinen

Ei ei

Lisa und Reiner reimen weiter.
Sei mal leise – da ist eine Meise.
Das ist ein toller Reim.

Nun malt Lisa ein Nest.
1 2 3 – Was ist im Ei ?

In der Schule

Niki und Karin lesen.
Mareike und Susi wollen
einen Krimi lesen.
Mirko und Kati kennen
alle Karten.

K k
ck

Mia und Mio knacken Nüsse.
Alle Kerne schmecken lecker.
Karin und Niko
essen Schokolade.

Nun schlummern alle Kinder.
Leise tickt der Wecker:
ticke, tacke, ticke, tacke.

Am Abend

Bastian ist allein.
Das Radio ist an.
Er wartet.
Bärbel ist bei Oma.

Da ist Bärbel.
Bastian meint:
Wir wollen Brot backen.

B b
ä

Bärbel und Bastian backen
kleine Brote.
Bastian schneidet ein Brot
in Scheiben.

Schon kommen beide Eltern.
Mutter meint:
Meine Kinder sind tolle Bäcker.
Kleine Brote schmecken lecker.

Bei den Eskimos

Eskimos leben im kalten Norden.
Der Mantel der Eskimos ist warm.

Fische schwimmen unter dem Eis.
Wo ist das Eis offen?

Eskimos fischen mit einer Schnur.
Fische wollen das Futter fressen.

Am Abend feiern alle Eskimos ein Fest.
Alle schreiten im Kreis.

Schule ist aus

Klaus und seine Kameraden
kommen aus der Schule.
Da ruft Mio: Klaus schau,
dort ist dein Bruder.
Er wartet am Auto.
Klaus saust los.

Au au

Was ist los?
Klaus schreit laut:
Au, au mein Daumen blutet.
Sein Bruder Martin wickelt
eine Binde um den Daumen.
Nun ist es besser.

Geister im Turm
Es ist Abend.
Alle Kinder wollen
das Fest der Geister feiern.
Gisela und Gabi
schlagen Nägel ein.
Gelbe und grüne Girlanden
schmücken
den alten Turm.

Schon kommen
beide Eltern.

Gabi und Gisela
gaukeln hin und her.
Hui – hui – hui

Günter und Robert
grillen.
Alle essen
eine feine Wurst.
Würste schmecken lecker.

Im Riesenland

Dieter schläft tief.
Auf einmal fliegt er
auf die Insel des Riesen Timbetu.

Was ist da los?

Auf einer grünen Wiese
sind riesige Tiere.

Timbetu füttert die Tiere.
Er ist höher als ein Turm.

Frau Timbetu schaukelt
das Riesenkind in der Wiege.

Da rasselt der Wecker.
Das war ein aufregender Traum.

Äpfel

Panne

Papa, Mama, Paula und Peter sind
mit dem Auto unterwegs.
Auf einmal hören sie es klappern.
Wir haben eine Panne, rufen Mama und Paula.

Papa redet in das Telefon.
„Wir müssen auf die Pannenhilfe warten“,
sagt Papa.

P p
Pf pf

Paula und Peter
entdecken einen Ameisenhaufen.
Ameisen rennen über den Boden.
Wespen schwirren um die Äpfel und Pflaumen.
Unter Blättern krabbeln Raupen.
Sie fressen und fressen.

„Wir müssen aufpassen,
ob die Männer der Pannenhilfe
kommen“, sagt Peter.

Bald ist Ostern

An Ostern wollen alle Kinder
bunte Eier haben.
Hans und Heidi helfen der Mutter.

Sie malen die weißen Eier an.
Im heißen Ofen backen sie Lämmer,
Hasen und Hennen.

H h
ß

Am Ostermorgen laufen die Kinder
in den Garten hinter dem Haus.

Hans findet seinen Osterhasen
unter der Hecke.
Heidi findet die Ostereier
unter einem Haufen aus Blättern.
Da sagen die Kinder:

„Feine Eier hat der Has',
überall gelegt ins Gras.“

Tiger in Indien

Tante Ines und Onkel Richard
sind auf Besuch.
Sie berichten über Indien.

Wir haben Tiger gesehen.
Sie sind dicht bei uns gewesen.
Wir haben keinen Krach gemacht.

ch

In der Nacht bewachen die Hirten ihre Herden.
Sie fachen ein Feuer an.
Tiger mögen das Licht und den Rauch nicht.
Sie schleichen um das Lager und fauchen.

Achim sagt:
„Wir wollen auch einmal nach Indien reisen.“

Auf dem Bauernhof

Bärbel und Hans sind auf dem Bauernhof.
Sie helfen Onkel Hubert.

Was ist das?
In der Ecke ist ein Nest.

Sieben kleine Häschen liegen darin.
Die Kinder fragen Onkel Hubert:
„Bekommen wir ein Häschen?“

Ä ä

Bärbel darf ein Häslein aussuchen.
Hans darf auch ein Häslein
aussuchen.

Glücklich tragen sie die Häslein behutsam nach Hause.
Täglich geben sie ihnen frische Blätter und Äpfel.

Störche

Bei uns leben nur noch wenige Störche.
Teiche und Wiesen werden immer weniger.
Storchenkinder sterben oft durch kaltes Wetter.

Kleine Störche werden schnell groß.
Die Storcheneltern füttern sie.
Manchmal stehen sie im Nest und flattern auf der Stelle.
Stefan und Susanne beobachten sie.

St st
Sp sp

Wann werden sie den ersten Flug starten?
Im Spätsommer fliegen die Störche fort.
Alle überwintern in Afrika.
Dort können sie genug fressen.

Stefan und Susanne sprechen oft
über die Störche.
Ob sie im April
wiederkommen?

Mio und Mia gehen zusammen
in den Zoo.
Sie kaufen Karten an der Kasse.

Zuerst gehen sie zum Streichelzoo.
Alle Ziegen kommen an den Zaun.
Mio streichelt eine braune Ziege.
Mia hält ein Häschen im Arm.
Es zittert.

Z z

Die Kinder rennen weiter.
Mio ruft: „Schau,
da sind Pferde im Schlafanzug!“
Mia lacht und sagt: „Das sind doch Zebras!“

Danach beobachten Mio und Mia
die Menschenaffen.

Mio will noch die Löwen anschauen.
Mia besucht die Krokodile.

Nun ist die Zeit um. Sie gehen nach Hause zurück.

Max

Max und Moritz

Max und Moritz sehen Maikäfer auf dem Baum.
Sie schütteln die Käfer herunter und sperren sie in eine Tüte.

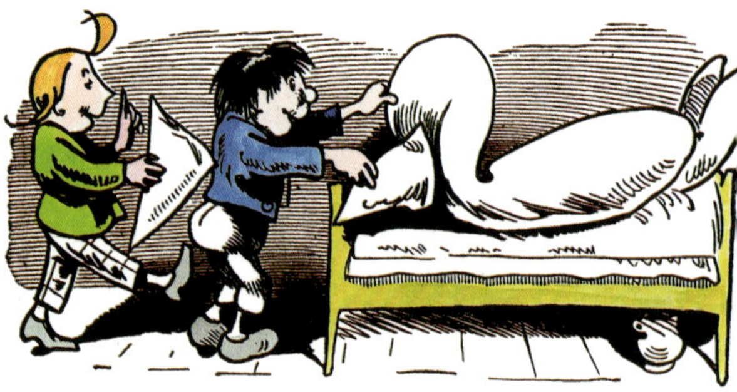

Die Lausbuben stecken die Krabbeltiere unter Onkel Fritzens Decke.

In der Nacht kommen die Käfer aus der Tüte und kitzeln Onkel Fritz an der Nase.
Er wacht auf und schreit:
„Was ist da los?“

ai tz

Er zündet seine Kerze an.
Überall kriechen
und fliegen Käfer herum.

Onkel Fritz packt
einen Pantoffel und haut
und trampelt alles tot.

Nun kann er wieder
ruhig schlafen.

nach Wilhelm Busch

Der letzte Streich

Der Bauer Mecke füllt
eine Menge Getreide in Säcke.
Heimlich schneiden
die Lausebengel Löcher
in die Säcke.

Nun kommt der Bauer zurück.
Er will das Korn
zum Müller bringen.
Der Sack auf seinem Rücken
wird leichter.

Bauer Mecke findet
die Schlingel im Getreide.

ng

Er schaufelt
die Lausebengel
in einen großen Sack
und bringt sie zum Müller.

Der Müller schüttet
die Bösewichter
in den engen Trichter.

Rickeracke – rickeracke
geht es mit Geknacke.
Hier kann man sie noch erblicken,
fein geschrotet und in Stücken.

nach Wilhelm Busch

Die Geschichte des Raben Jakob

Eines Tages wollen der Jäger Jürgen
und der Jagdhund Jockel auf die Jagd.
Jürgen setzt seinen Jägerhut auf
und holt sein Jagdgewehr.
Der Jagdhund Jockel springt
aufgeregt um ihn herum.

Doch der Rabe Jakob bleibt zu Hause,
weil er schon oft die Hasen gewarnt hat.

Aber Jakob fliegt hinterher.
Er ist schneller im Wald als der Jäger.
Unterwegs ruft er allen Hasen zu:
„Lauft schnell weg!“
Alle Hasen rennen schnell weg.

Der Jäger und der Hund finden keinen einzigen Hasen.
Der Rabe Jakob aber sitzt hoch oben in einem Baum.
Er ruft laut: „Jakob, Jakob, Jakob!“

Eulen jagen in der Nacht

Neun Pfadfinder machen
mit Sebastian einen Ausflug.
Hinter einer alten Scheune ruft Eugen:
„Da liegen komische Haufen."

Sebastian zupft das Gewölle
auf seinem neuen Taschentuch auseinander.
Eugen staunt: „Das sind ja kleine Knochen!"
Sebastian sagt:
„Eulen jagen in der Nacht."

Eu eu

„Kleine Tiere schlingen sie ganz hinunter.
Felle und Knochen werden im Magen
zu einem Kloß geformt
und wieder ausgespuckt,“ erklärt Sebastian.
Eugen fragt: „Wo ist die Eule jetzt?“
Sebastian sagt: „Eulen sind scheu.
Sie ist sicher auf dem Heuboden.“

Beutetiere:

Vogelnest im Garten

Eva und Vater sitzen auf der Gartenbank.
Sie verhalten sich ganz leise.
Oben im Baum haben sie ein Vogelnest entdeckt.
Der schwarze Amselvater füttert gerade
vier junge Vogelkinder.
Sie sind noch nackt und blind.
Weit sperren die Jungen die gelben Schnäbelchen auf.

V v

Die Vogeleltern bringen
viele Raupen, Würmer und Käfer.
Jeden Tag werden
die kleinen Vögel größer und größer.
Eine Woche später
machen sie die Augen auf.
Nach und nach
bekommen sie Federn.

Eines Tages ist es so weit.
Sie verlassen das Nest.
Vater sagt zu Eva:
„Kater Mikesch bleibt
im Haus!“

ihren

ihrem

Was Tiere träumen

Was träumen wohl die Mäuschen
in ihren Mäusehäuschen?
Wir wollen es verraten,
sie träumen von dem Braten
in unserm Küchenschrank.

Was träumen wohl die Kätzchen
auf ihrem Ofenplätzchen?
Wir wollen es verraten,
sie träumen von dem Braten
in unserm Küchenschrank.

Was träumen wohl die Hündchen
in ihren Schlummerstündchen?
Wir wollen es verraten,
sie träumen von dem Braten
in unserm Küchenschrank.

Was träumt das ganze Häuschen,
träumt Hündchen, Kätzchen, Mäuschen?
Wir wollen es verraten,
sie träumen von dem Braten
in unserm Küchenschrank.

James Krüss

Die Frösche quaken

Die Eltern von Eva
haben einen großen Garten.
Aus einer Quelle fließt Wasser
in einen Gartenteich.

Eva kann viele Tiere
beobachten: Libellen,
Goldfische und Frösche.
Jeden Abend hört sie
die Frösche quaken.

Qu qu

Vater erklärt: „Nur die Froschmännchen quaken.
So locken sie die Weibchen an.
Diese legen im Frühjahr viele Froscheier.

Nach etwa drei Wochen
schlüpfen die Kaulquappen aus.
Später werden kleine Frösche daraus.“

Qua, qua, que, qui, quo,
Frösche quaken so!

Auf dem Ponyhof

Sylvia hat heute Geburtstag.
Sie ist nun sieben Jahre alt.
Mama und Papa schenken Sylvia
einen Teddy und eine Reitkarte
für zehn Reitstunden
auf dem Ponyhof.

Zur Party kommen
Sibylle und Hanny.
Sylvia bläst die Kerzen aus.
Alle essen Torte
und trinken Apfelsaft.

Y y

Mit den Eltern gehen sie zum Ponyhof.
Sylvia möchte auf einem weißen Pony reiten.
Die Besitzerin Yvonne Frey sagt:
„Heute fahren wir lieber in der Kutsche.
Reiten lernst du erst später!“
Zu Hause meint Sylvia:
„Ponyreiten ist ein schönes Hobby.“

Sax

Clowns im Zirkus

Auf der Wiese am Stadtrand hat der Zirkus Carlos sein großes Zelt aufgebaut. Cornelia, Claudia und Nico gehen gemeinsam in die Vorstellung.

Zuerst kommen die Pferde mit dem Cowboy. Die Pferde galoppieren im Kreis. Man hört die Peitsche knallen.

C c

Dann sind die Clowns dran.
Piccolo spielt
auf der Piccolo-Flöte.
Sax bläst das Saxofon.
Co schlägt die Trommel.

Bei jedem Schlag spritzt Wasser
auf die Zuschauer.
Sie rufen: „Bravo, bravo!“
„Echt gut“, flüstert Claudia Nico ins Ohr.

Hexe Trixi

Trixi will eine richtige Hexe werden.
Sie kann schon sechs Zaubersprüche.
Beim Besenbinder Xaver kauft Trixi
einen schönen Besen.

Trixi will auf dem Besen nach Hause fliegen.
Abraxas sagt: „Du musst den Besen verhexen!“
Im Hexenlexikon findet sie
den richtigen Zauberspruch:

„Klix und klax – fix und fax,
Xavers neuer Besen – bist du nun gewesen!“

X x
chs

Wie ein Wirbelwind
saust die kleine Hexe
mit dem Besen dahin.
„Aufpassen, der Kirchturm“,
schreit Abraxas.

Sie lenkt den Besen
auf die freien Felder hinaus.
Beim Hexenhaus gelingt ihr
eine glatte Landung.
Trixi sagt: „Nun mixe ich uns
zwei Becher Hexenlimo!“

Die Bremer Stadtmusikanten

Es waren einmal ein Esel, ein Hund, eine Katze
und ein Hahn auf dem Weg nach Bremen.
Sie wollten dort Stadtmusikanten werden.

Am Abend kamen sie in einen großen Wald.
In der Ferne sahen sie ein Haus.
Darin saß eine Räuberbande an einem gedeckten Tisch.

Nun stellte sich der Esel mit den Vorderhufen
auf die Fensterbank.

Der Hund sprang auf den Esel.
Die Katze kletterte auf den Hund.
Der Hahn flog auf die Katze.
Zusammen machten sie Musik:
ia – miau – wauwau – kikeriki.
Dann sprangen sie durch das Fenster ins Haus.

Erschrocken flohen die Räuber in den Wald.

Die vier Musikanten freuten sich über das reiche Mahl.
Hier blieben sie bis an ihr Lebensende.

Übersicht der Ankertiere zu den verwendeten Lauten

A a

Affe

Au au

Auerhahn

Ä ä

Känguru

B b

Bär

C c

Chamäleon

ch

Katze (fauchen)

D d

Delfin

E e

Elefant

Ei ei

Eichhörnchen

Eu eu

Eule

F f

Fisch

G g

Gans

H h

Hase

I i

Igel

J j

Jaguar

K k

Kakadu

L l

Löwe

M m

Maus

Übersicht der Ankertiere zu den verwendeten Lauten

N n

Nashorn

ng

Schlange

O o

Orang-Utan

Ö ö

Kröte

P p

Papagei

Pf pf

Pfau

Qu qu

Qualle

R r

Reh

S s

Seepferdchen

Sch sch

Schildkröte

Sp sp

Specht

St st

Storch

T t

Tiger

U u

Uhu

Ü ü

Kühe

V v

Vogel

W w

Wal

X x

Boxer

Übersicht der Ankertiere zu den verwendeten Lauten

Y y

Yak

Z z

Zebra

Übersicht der Lautgebärden

Die Lautgebärden schlagen die Brücke zwischen dem Buchstaben und dem Laut. Sie ermöglichen eine eindeutige Identifizierung der Konsonanten, ohne – wie in der Silbenmethode gefordert – ihre „Namen" zu Beginn bekannt zu geben. Um eine Silbe mit Lautgebärden anzuzeigen, werden die Gebärden kombiniert.

Für die Lautgebärden im ABC der Tiere waren folgende Überlegungen ausschlaggebend:

- die optische Entsprechung, z. B. bei x, z
- die Richtung, z. B.: Auf welcher Seite des „a" ist der Balken?
- der Artikulationsort, z. B. bei g, l
- die Artikulationsdynamik, z. B. bei p, t
- weitere eindringliche Assoziationen, z. B. bei au, ch

Diese Zusammenstellung von Gebärden wurde von dem Autorenteam entwickelt und wird seit über 10 Jahren erfolgreich eingesetzt. Für manche Kinder kann es hilfreich sein, die Gebärden gemeinsam mit dem Lehrer vor einem Spiegel zu trainieren, um die Mundstellung direkt zu sehen und zu besprechen.

a

seitenrichtige Aufsicht

Beide Hände bilden ein a.
Rechte Hand ist der Balken.
Assoziation:
Schreibrichtung von links nach rechts:
Das a hat den Balken rechts.
(Lehrer spiegelbildlich)

au

Eine Hand umschließt den Daumen der anderen Hand.
Assoziation:
„Au, mein Daumen!"

b

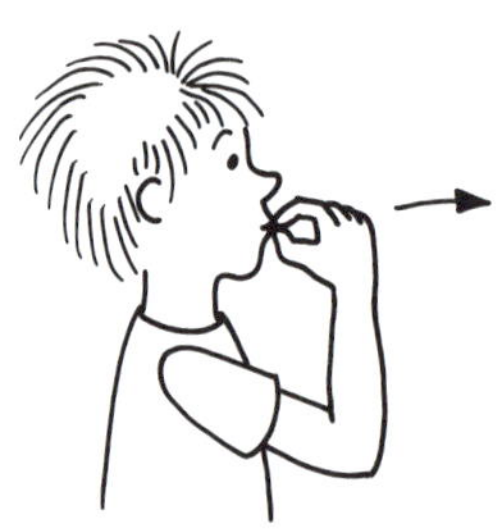

Finger und Daumen berühren sich vor den geschlossenen Lippen. Beim Sprechen bewegen sie sich leicht vom Mund weg.

ch

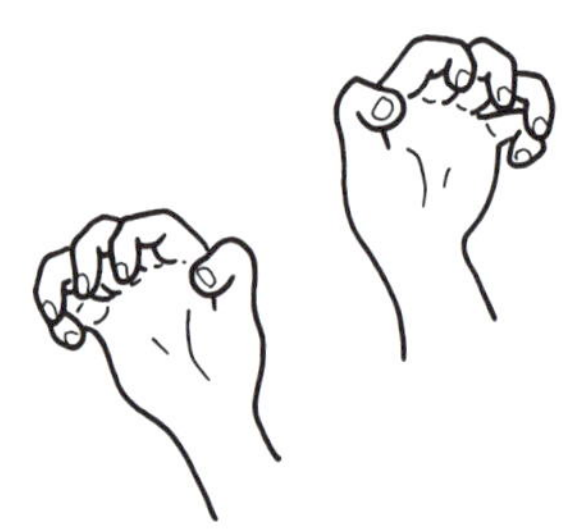

Hand wird zur Katzenkralle gekrümmt.
Assoziation:
ch fauchen die Katzen.

Übersicht der Lautgebärden

d

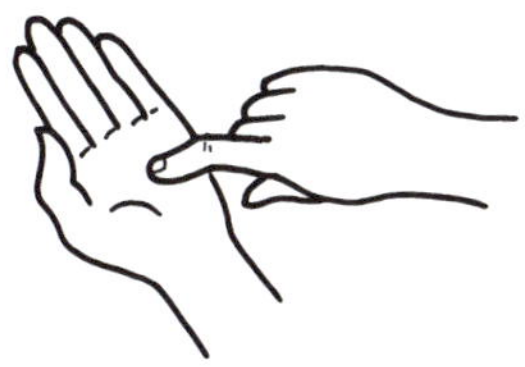

Zeigefinger tippt leicht in den Handteller.
Assoziation:
Zunge drückt leicht gegen den Gaumen.

e

Daumen und Zeigefinger werden an die Mundwinkel angelegt.
Assoziation:
Daumen-Zeigefinger-Spanne greift den Querstrich des e ab.

ei

Streichelbewegung an der Wange.
Assoziation: Ein Baby streicheln: „ei – ei!“

eu

Hände wie ein Fernglas vor den Augen.
Assoziation:
So schaut die Eule.

f

Zeigefinger wird gegen die Unterlippe gedrückt.
Assoziation:
Das f wird über den Finger gepustet.

g

Daumen und Zeigefinger werden geschlossen an den Kehlkopf gelegt.
Assoziation:
Hier entsteht das g;
Hand bildet den „Kopf“ des g.

h

Innere Handfläche wird angehaucht.
Assoziation:
h wie hauchen.

i

Zeigefinger unter das Kinn – Zeigefinger tippt auf den Kopf.
Assoziation:
Das i hat ein Pünktchen.

j

Arm über Kopf strecken und Hand abwinkeln.
Assoziation:
Großer Junge.

Übersicht der Lautgebärden

k

Faust mit abgewinkeltem Zeigefinger.
Assoziation:
Wir klopfen an.

l

Handfläche und Finger sind nach oben gekrümmt.
Assoziation:
Zungenstellung wird nachgeahmt.

m

3 Finger auf die geschlossenen Lippen.
Assoziation:
3 „Beinchen" von m.

n

2 Finger an die Nase.
Assoziation:
Nashorn;
2 „Beinchen" von n.

ng

Daumen und Zeigefinger drücken gegen die Nasenflügel.
Assoziation:
So entsteht der Nasallaut.

o

Daumen und Zeigefinger bilden einen Kreis.
Assoziation:
Das o ist rund.
O, der schöne Mond …

p

Daumen und Zeigefinger werden geschlossen an die Lippen gelegt und öffnen sich explosiv nach vorne.
Assoziation:
Das p platzt auf!

qu

Beide Hände bilden das Quakmaul mit den Schallblasen (wie bei u, aber mit gekrümmten Fingern).
Assoziation:
So quaken Frösche.

r

Zeigefinger kreisen vor Kehle umeinander.
Assoziation:
Da rrrrrollt es.

s

Zeigefinger bewegt sich s-förmig vom Munde fort.
Assoziation:
Züngelnde Schlange;
S-Kurve

sch

Beide Fäuste drücken auf die Wangen.
Assoziation:
Luft wird kräftig herausgestoßen.

t

Handrücken gegen den Mund halten.
Assoziation:
Luftstoß wird wahrgenommen;
Unterarm bildet den Querstrich nach.

u

Beide Hände bilden den U-Schwung nach.
Assoziation: oben offen.

v

Finger bilden ein v vor dem Mund.
Assoziation:
v wie Vogel.

w

Flache Hand an die Unterlippe legen.
Assoziation:
Wind bläst über die Kante.

x

Übereinander gekreuzte Zeigefinger bilden ein x.
Assoziation:
Hexenkreuz.

y

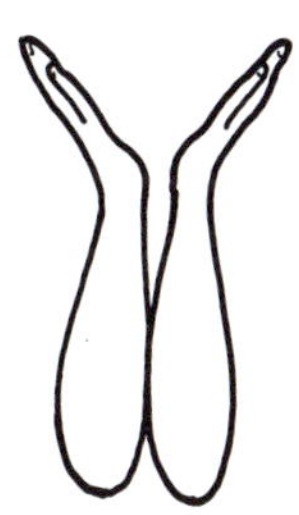

Beide Unterarme und die Hände bilden das y nach.

z

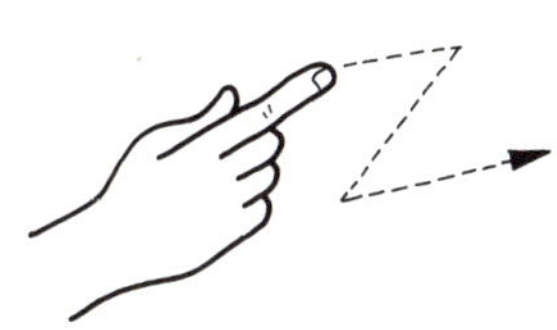

Zeigefinger zeichnet eine Zickzack-Bewegung.
Assoziation:
Blitze zucken!

Inhalt

Inhalt

Anhang

Quellenverzeichnis

Was Tiere träumen, S. 72/73
Text: James Krüss
Aus „Das zweite Liedernest"
Fidula-Verlag, Boppard / Rhein und Salzburg

ABC der Tiere 1

Ein integrierter Lese- und Schreiblehrgang

www.ABC-der-Tiere.de

Zu diesem Lehrgang gehören:

	Bestell-Nr.
Lesen in Silben (Silbenfibel®) Kompakt – Förderausgabe, Leselehrgang, Druckschrift, 96 S., vierf., FeEbd	1403-30
Arbeitsheft Teil A und B, Kompakt – Förderausgabe, je 80 S., vierf., Gh, 2 Kartonbeilagen, CD-ROM ABC der Tiere 1	1403-31
Lesezirkus, zus. Lesematerial zu Lesen in Silben, Druckschrift, 80 S., vierf., FeEbd, Kartonbeilage	1403-92
Silbenkärtchen, Leseteppiche, Domino, 16 Bogen, teilw. mehrf., kt	1402-93
CD-ROM zum Leselehrgang, Klassenversion, Einzellizenz (Schul- und Onlinelizenz bestellfähig)	1403-95
Arbeitsheft „Spontane Schreibung der Doppelkonsonanten", 24 S., mehrf., Gh	1402-95
Schreibheftchen: Mein Tierbüchlein, 16 S., vierf., DIN A5, Gh	1402-96
Klatsch die Silbe!, Einzelset, 1 Spielplan, 2 Setzer, 1 Würfel, 24 Silbentaler, 36 Spielkarten	1402-89
Klatsch die Silbe!, Spiel zum Einüben des Silbenklatschens, **10er-Set,** im Schmuckkarton	1402-99
Schreiblehrgang Teil A und B, Druckschrift, Kompakt – Förderausgabe, je 64 S., vierf., Gh, inkl. Beilage „Lauttabelle"	1403-32
Schreiblehrgang, Grundschrift, Teil A, B (Einübung der Buchstaben, je 64 S.) und C (Einübung der Verbindungen, 24 S.), Kartonbeilage „Lauttabelle", vierf., Gh. Kein weiterer Schreiblehrgang nötig.	1403-72
Schreiblehrgang, LA, 64 S., vierf., inkl. Sammelmappe und Beilage „Lauttabelle", gl	1403-82
Schreiblehrgang, VA, 64 S., vierf., inkl. Sammelmappe und Beilage „Lauttabelle", gl	1403-83
Schreiblehrgang, SAS, 64 S., vierf., inkl. Sammelmappe und Beilage „Lauttabelle", gl	1403-84
Handbuch Teil A, Kompakt – Förderausgabe, methodisch-didaktische Kommentare, Kopiervorlagen, Ringb.	1403-33
Handbuch Teil B, 197 Kopiervorlagen, Lateinische Ausgangsschrift (LA)	1402-71
Handbuch Teil B, 197 Kopiervorlagen, Vereinfachte Ausgangsschrift (VA)	1402-72
Handbuch Teil B, 197 Kopiervorlagen, Schulausgangsschrift (SAS)	1402-73
57 Folien, Kompakt – Förderausgabe, zu den Arbeitsheften (1403-31), vierf., Ringb. inkl. Folien als PDF	1403-35
Schwungübungen, 88 Seiten, 82 KVs, Spiralb.	1403-71
Arbeitsblätter zum Lesezirkus (1403-92 und 1402-92), Kopiervorlagen, Gh	1403-74
Silbenschieber, groß, aus Holz, Vorderseite Großbuchstaben, Rückseite Kleinbuchstaben	1402-74
38 Ankerbilder, DIN A4, kt, Druckschrift, LA / VA / SAS als Ausschneidebögen	1402-75
20 Folien für die spontane Schreibung der Doppelkonsonanten, Ringb.	1402-76
Arbeitsblätter zur Differenzierung, 238 Kopiervorlagen, 244 S., Druckschrift, Ringb.	1403-77
Fit für den Schulbeginn, Übungsmaterial inkl. Schuleingangstest, 48 S. inkl. 34 KVs	1402-78
Musik-CD, 25 Lieder, 6 Sequenzen mit Kontrastpaaren, gesungen und als Play-back	1403-80
Poster zu den Ankertieren, DIN A0, gefaltet auf DIN A4	1402-69
Silben-Generator, Einzellizenz, CD-ROM, DVD-Box, Booklet (auch als Schul- und Netzwerklizenz bestellbar)	1403-79
ABC der Tiere 1 und 2, Lernkontrollen als Word®-Datei, DVD-Box, Einzellizenz	1403-88
ABC der Tiere 1 und 2, Lernkontrollen als Word®-Datei, DVD-Box, Schullizenz	1403-89

Bestell-Nr. 1403-30 · ISBN 978-3-619-14033-6

Auflage 6 5 4 3
Jahr 2017 2016 2015 2014

www.mildenberger-verlag.de · E-Mail: info@mildenberger-verlag.de

Druck: Firmengruppe APPL, aprinta druck, Wemding
Gedruckt auf umweltfreundlichen Papieren.

Bezugsmöglichkeiten

Alle Titel des Mildenberger Verlags erhalten Sie unter: **www.mildenberger-verlag.de** oder im Buchhandel. Jede Buchhandlung kann alle Titel direkt über den Mildenberger Verlag beziehen.
Ausnahmen kann es bei Titeln mit Lösungen geben: Hinweise hierzu finden Sie in unserem aktuellen Gesamtprogramm.

Lesetexte und Lernsoftware für Leseanfänger

www.mildenberger-verlag.de

ABC der Tiere 1
Lesezirkus
Bestell-Nr. 1403-92

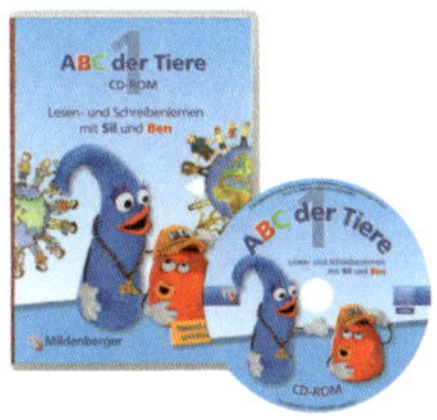

ABC der Tiere 1
CD-ROM Einzellizenz
Bestell-Nr. 1403-94

Hexe Trixi Homeversion
CD 1: Bestell-Nr. 1400-32
CD 2: Bestell-Nr. 1400-42

Silben-Sudoku
für Klasse 1
Bestell-Nr. 1402-20

Tiergeschichten mit Mia und Mio

Tiergeschichten – Schwerpunkt Klasse 1

32 S., vierf., FeEbd, 17 x 23,5 cm	Bestell-Nr.
Band 1	1402 - 40
Band 2	1402 - 41
Band 3	1402 - 42
Band 4	1402 - 43
Band 5	1402 - 44
Band 6	1402 - 45
Band 7	1402 - 46
Band 8	1402 - 47
Band 9	1402 - 48
Band 10	1402 - 49
Band 1 – 10, Komplettbezug	1402 - 50
Arbeitsblätter zu allen Geschichten, 160 S., 114 KVs, Spiralb.	1402 - 51

Der Leserabe mit farbigem Silbentrenner

Leserabe – Schwerpunkt Klasse 2

vierf., FeEbd, 17,5 x 24 cm, 48 S., Lesestufe 1	Bestell-Nr.
Das tollste Pony der Welt	1403 - 40
Der verhexte Schulranzen	1403 - 41
Die Bolzplatz-Bande macht das Spiel!	1403 - 42
Piratengeschichten	1403 - 46
Der kleine Drache und der Monsterhund	1403 - 48
vierf., FeEbd, 17,5 x 24 cm, Lesestufe 2	
Das Fehlerteufelchen, 48 S.	1403 - 43
Krimigeschichten zum Mitraten, 48 S.	1403 - 44
Rettung für Flöckchen, 48 S.	1403 - 45
Nur für einen Tag, 64 S.	1403 - 47
Tierfreundegeschichten, 48 S.	1403 - 49
Komplettbezug Lesestufe 1 und 2	1403 - 50
Kopiervorlagen, 96 S., 72 KVs	1403 - 51

N
W
O
S